La ciencia de los seres vivos

# ¿Qué son los murciélagos

**Bobbie Kalman & Heather Levigne**

🍄 Crabtree Publishing Company

www.crabtreebooks.com

# Serie La ciencia de los seres vivos
## Un libro de Bobbie Kalman

**Para mis padres, Mike y Marj Levigne**
**No hay monstruos al final de este libro.**

**Editora en jefe**
Bobbie Kalman

**Equipo de redacción**
Bobbie Kalman
Heather Levigne

**Editora ejecutiva**
Lynda Hale

**Equipo de edición
e investigación**
April Fast
Kate Calder

**Diseño por computadora**
Lynda Hale

**Coordinación de producción
e investigación fotográfica**
Hannelore Sotzek

**Consultora**
Barbara French, especialista en
información sobre conservación,
Bat Conservation International

**Consultores lingüísticos**
Dr. Carlos García, M.D., Maestro bilingüe de Ciencias, Estudios Sociales y
Matemáticas; Roy R. de la Cruz, B.S., Maestro bilingüe

**Fotograf**
Russell C. Hansen: páginas 8, 9, 14, 15
James Kamstra: página 17 (parte inferior)
Robert & Linda Mitchell: páginas 12 (parte superior), 16 (parte inferior),
    18, 19, 25 (parte inferior)
Photo Researchers, Inc.: Stephen Dalton: página 11; Nigel J. Dennis: página
    29; Gilbert Grant: página 5; Stephen Krasemann: página 3; J.L. Lepore:
    página 18 (recuadro); Merlin D. Tuttle, Bat Conservation International:
    portada, página de título, páginas 8 (parte superior), 9, 13, 17
    (parte superior), 26, 27, 28
Roger Rageot/David Liebman Stock: páginas 12 (parte inferior), 21, 24
James P. Rowan: página 25 (parte superior)
Merlin D. Tuttle, Bat Conservation International: páginas 4, 5, 12 (centro),
    16 (parte superior), 20 (ambas), 22, 23

**Ilustraciones**
Barbara Bedell: contraportada, páginas 4, 15
Cori Marvin: páginas 6, 7
Bonna Rouse: páginas 5, 10, 30

**Traducción**
Servicios de traducción al español y de composición
    de textos suministrados por translations.com

## Crabtree Publishing Company

www.crabtreebooks.com        1-800-387-7650

Library of Congress Cataloging-in-Publication Data
Kalman, Bobbie, 1947-
    [What is a bat? Spanish]
    ¿Qué son los murciélagos? / written by Bobbie Kalman & Heather Levigne.
        p. cm. -- (La ciencia de los seres vivos)
    Includes index.
    ISBN-13: 978-0-7787-8763-1 (rlb)
    ISBN-10: 0-7787-8763-X (rlb)
    ISBN-13: 978-0-7787-8809-6 (pb)
    ISBN-10: 0-7787-8809-1 (pb)
    1. Bats--Juvenile literature.  I. Levigne, Heather, 1974- II. Title. III.Series.

QL737.C5K2518 2005
599.4--dc22                                                          2005015833
                                                                          LC

**Publicado en
los Estados Unidos**

PMB16A
350 Fifth Ave.
Suite 3308
New York, NY
10118

**Publicado
en Canadá**

616 Welland Ave.,
St. Catharines, Ontario
Canada
L2M 5V6

**Publicado en el
Reino Unido**

73 Lime Walk
Headington
Oxford
OX3 7AD
Reino Unido

**Publicado
en Australia**

386 Mt. Alexander Rd.,
Ascot Vale (Melbourne)
VIC 3032

# Contenido

¿Qué son los murciélagos?                4

Árbol genealógico de los murciélagos     6

El cuerpo de los murciélagos             8

Eco-eco-ecolocación                     10

Vista y olfato                          12

En el ala                               14

Quedar colgado                          16

Hábitos de descanso                     18

El alimento de los murciélagos          20

Murciélagos vampiro                     23

Las crías                               24

Crecimiento                             27

Los murciélagos en la naturaleza        28

Aprende más                             30

Glosario                                31

Índice                                  32

# ¿Qué son los murciélagos?

Los murciélagos son mamíferos. Los mamíferos son animales de sangre caliente, lo cual quiere decir que la temperatura de su cuerpo se mantiene igual si el tiempo es cálido o frío. Al igual que la mayoría de los mamíferos, los murciélagos están cubiertos de pelo y tienen columna vertebral. Las hembras llevan a las crías dentro del cuerpo hasta que nacen. Cuando nacen, beben leche del cuerpo de la madre. Los murciélagos son los únicos mamíferos que pueden volar. Suelen volar de noche y descansar durante el día.

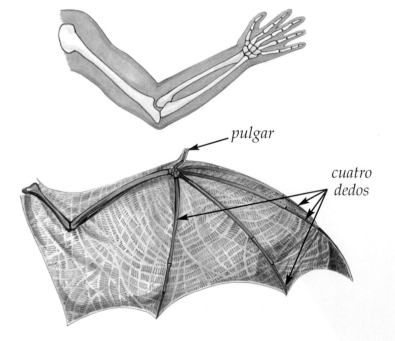

*pulgar*

*cuatro dedos*

*El nombre científico de los murciélagos es* Quirópteros, *que significa "mano alada". Las alas de los murciélagos parecen manos humanas.*

*Las alas de los zorros voladores pueden tener una envergadura de hasta cinco pies (1.5 m). La mayoría de estos murciélagos viven en las regiones tropicales del mundo. Las enormes alas les sirven para viajar grandes distancias con facilidad.*

# Difíciles de estudiar

Los científicos tratan de aprender
más sobre los murciélagos, pero
éstos pueden ser difíciles de atrapar
y estudiar. Hay que tener mucha
paciencia para trabajar con ellos.
Durante el día, la mayoría descansa
en lugares donde están bien ocultos de otros
animales. Por la noche, vuelan hábilmente en la
oscuridad. Pueden esquivar fácilmente los objetos
que están en su camino, como trampas y redes.

*Hay murciélagos de muchos tamaños.
Este diminuto* Pipistrellus nanus
*es uno de los más pequeños: cabe en
la palma de la mano.*

*Si un animal cuelga cabeza abajo, se acumula
mucha sangre en la cabeza y produce congestión.
Esto no les sucede a los murciélagos porque
tienen válvulas especiales en las venas que
mantienen la sangre en movimiento en todo el
cuerpo mientras están colgados.*

# Árbol genealógico de los murciélagos

Hay más de 1,000 **especies** o tipos de murciélagos. Estas especies se dividen en dos grupos: **megamurciélagos** y **micromurciélagos**. El cuerpo de los megamurciélagos es enorme. Los zorros voladores y los murciélagos frugívoros del Viejo Mundo son las dos únicas especies de megamurciélagos. Sin embargo, hay muchas especies de micromurciélagos. Son de menor tamaño que los megamurciélagos. Sólo dos de los murciélagos de estas páginas son megamurciélagos. ¿Cuáles son?

*murciélago ahumado*

*Eudiscopus denticulus del Nuevo Mundo*

*murciélago de nariz de herradura*

**Eudiscopus denticulus** *del Viejo Mundo*

*murciélago bigotudo*

## Ancestros de los murciélagos

*mamífero con alerones*

*murciélago*

*mamífero parecido a la musaraña*

*mamífero con alas*

Muchos científicos creen que el pariente más cercano de los murciélagos es la musaraña. La musaraña es un mamífero **nocturno** que come insectos. Durante millones de años, ciertos mamíferos pequeños parecidos a las musarañas **evolucionaron**, es decir, cambiaron lentamente para tener alas.

murciélago de
cola suelta

murciélago de
cola plana

murciélago de
hocico corto

zorro
volador

murciélago de
nariz foliforme
del Viejo Mundo

murciélago de
cola corta

murciélago
cola de ratón

murciélago de
las frutas del
Viejo Mundo

murciélago
vampiro

murciélago
pescador

murciélago de
cara rayada

# El cuerpo

La mayoría de los murciélagos son pequeños y livianos. Su cuerpo está hecho para volar. Tienen alas grandes y fuertes que los transportan por el aire. El cuerpo de cada murciélago está **adaptado** o modificado para el tipo de alimento que come y el **hábitat** o lugar natural donde vive.

Los murciélagos tienen garras afiladas en las patas para aferrarse a la **percha** o lugar de descanso.

El cuerpo de los murciélagos está cubierto de pelo. Para **acicalarse** o limpiarse el pelo usan los dientes, las uñas y la lengua.

Observa los surcos y pliegues de las orejas de este murciélago. Le ayudan a escuchar sonidos que los seres humanos no podemos oír. Muchos murciélagos dependen del oído para cazar. Algunos tienen una membrana adicional de piel en las orejas. Esa membrana se llama **trago**. Los científicos creen que el trago les ayuda a escuchar sonidos muy débiles, como los pasos de un insecto.

## Los muerciélagos tienen alas

- para volar
- para sostener el alimento mientras comen
- para envolverse en ellas y mantener el calor corporal
- para abanicarse y permanecer frescos

Las alas de los murciélagos están hechas de una piel delgada y elástica llamada **membrana alar**.

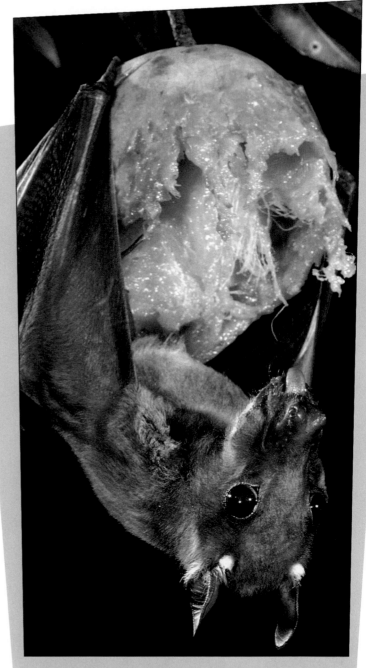

Los murciélagos frugívoros (que comen fruta) tienen ojos grandes y buena vista para encontrar su alimento. Los que cazan de noche tienen ojos pequeños. Usan el sentido del oído para encontrar alimento en la oscuridad.

# Eco-eco-ecolocación

La **ecolocación** es la forma en que los murciélagos "localizan" o encuentran cosas. Para encontrar objetos en la oscuridad, en lugar de usar los ojos usan el eco. Todos los micromurciélagos y una especie de megamurciélagos usan la ecolocación.

## ¿Cómo lo hacen?

Para ecolocalizar, los murciélagos producen sonidos agudos. Los sonidos rebotan en los objetos que están en su camino, lo que crea ecos. El murciélago oye el eco y puede saber si el objeto es un árbol o algo para comer. Si es un árbol, el murciélago cambia de rumbo para no chocarse. Si es alimento, vuela hacia él.

## ¡Vviiiibrraaaacioooonessss!

Tócate la garganta al hablar. ¿Sientes que se mueve? Esos diminutos movimientos que sientes se llaman **vibraciones**. La **laringe**, de donde sale la voz, vibra cuando produces sonidos. Los micromurciélagos también usan la laringe para producir sonidos. La mayoría emite sonidos llamados **pulsos** a través de la boca. Cuando están cazando, vuelan con la boca abierta para ecolocalizar. Algunos micromurciélagos, como el murciélago de nariz de herradura, vuelan con la boca cerrada. Tienen **hojas nasales** especiales que usan para emitir pulsos.

*A medida que este murciélago de nariz de herradura se prepara para atacar a la mariposa, produce un zumbido especial. Sus pulsos se hacen más rápidos y más cortos.*

## Tímidos para hablar

La mayoría de los megamurciélagos no usan la ecolocación, pero los murciélagos frugívoros egipcios sí lo hacen. Estos murciélagos viven en cuevas oscuras y necesitan la ecolocación para orientarse en la oscuridad. A diferencia de los micromurciélagos, los murciélagos frugívoros egipcios no usan la laringe para ecolocalizar, sino que producen sonidos chasqueando la lengua. Puedes producir un sonido similar chasqueando la lengua contra el paladar.

*Este murciélago pescador parece feroz porque muestra los dientes, pero tiene la boca abierta para enviar vibraciones de ecolocación. Estos murciélagos usan las largas garras de las patas para atrapar peces que nadan cerca de la superficie del agua.*

*Este murciélago de nariz de herradura tiene ojos diminutos. Para encontrar alimento, usa la ecolocación en lugar de la vista.*

*El rostro del murciélago de las frutas se parece al de un perro. Para encontrar alimento, usa los grandes ojos y la nariz.*

*El pliegue de piel con forma de lanza que este murciélago tiene en la nariz le sirve para encontrar alimento.*

# Vista y olfato

Al igual que los demás mamíferos, los murciélagos tienen cinco sentidos: gusto, tacto, oído, vista y olfato. Usan los sentidos de la vista y el olfato para encontrar alimento, escoger a su pareja, identificar a sus crías, elegir su **guarida** o refugio y detectar a los **depredadores** que se encuentren cerca. Los depredadores son animales que cazan y se comen a otros animales.

## Los murciélagos no son ciegos

Mucha gente cree que los murciélagos son ciegos, pero todos ven. Sin embargo, algunos tienen mejor vista que otros. Los megamurciélagos tienen ojos grandes. Su aguda vista les sirve para encontrar alimento cuando hay poca luz. Los micromurciélagos tienen ojos pequeños y por ello dependen de la ecolocación para encontrar alimento.

## Oler la comida

¿Cuál es tu comida preferida? ¿A qué huele? Los murciélagos también pueden oler su comida preferida. Algunos se alimentan sólo de frutas maduras, como los higos. Estos murciélagos usan el agudo sentido del olfato para encontrar los higos más maduros y jugosos de los árboles.

Los murciélagos vampiro usan el sentido del olfato para buscar animales grandes. Algunos lo hacen en grupos. Cuando un murciélago huele a un animal del cual se puede alimentar, los otros se reúnen para alimentarse del mismo animal.

## Una nariz conocedora

A algunos murciélagos les atrae el aroma de ciertas flores. Beben el néctar que se encuentra en ellas. El **néctar** es un líquido dulce que las flores producen. Los murciélagos buscan plantas cuyas flores se abran de noche, como los agaves, las *Oroxylum indicum* y los baobabs.

*Este* Epomophorus wahlbergi *se dirige hacia un baobab en flor que tiene un aroma fuerte. El color claro y el fuerte aroma de la flor le indican al murciélago que hay algo dulce en su interior.*

# En el ala

Gracias al vuelo, los murciélagos pueden encontrar alimento y escapar de los depredadores. También vuelan para encontrar buenos lugares de descanso y para **migrar**, o viajar grandes distancias en busca de alimento o mejor clima.

## Las alas de los murciélagos

Las alas de los murciélagos tienen distintas formas y tamaños. Algunos tienen alas largas y angostas, mientras que otros tienen alas cortas y anchas. Las alas de los murciélagos están hechas de una membrana alar delgada. Cada ala tiene huesos que forman el brazo, el antebrazo, cuatro dedos y el pulgar. Estos huesos están conectados por membranas que el murciélago puede plegar o estirar. La membrana alar está unida al costado del cuerpo y a las patas traseras.

## ¡Arriba, arriba y volando!

El murciélago usa los fuertes músculos de los hombros, el pecho y el lomo para mover las alas y volar. Usa una parte del ala para sustentarse y otra para impulsarse. La **sustentación** mantiene al murciélago en el aire. El **impulso** lo mueve hacia delante. Los murciélagos deben mover las alas todo el tiempo para volar.

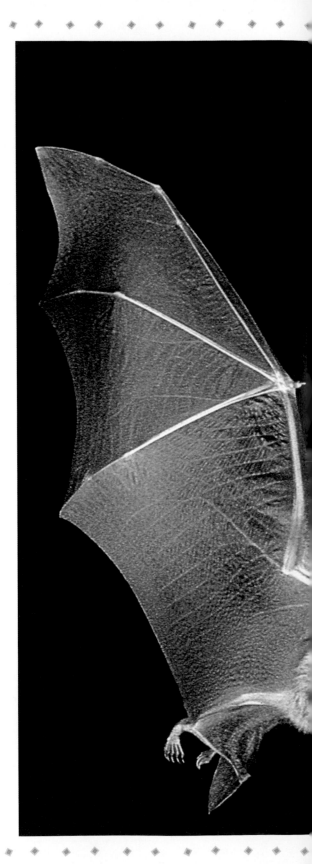

*Esta fotografía muestra las dos etapas del vuelo de un murciélago. El animal sube las alas para sustentarse y las baja para impulsar el cuerpo por el aire.*

Las alas de las aves tienen plumas. Las de los murciélagos tienen membranas alares. Aunque el murciélago puede volar, no puede planear ni remontarse como las aves. Las plumas son más livianas que la membrana alar. El aire que fluye por los espacios entre las plumas le permite al ave planear.

# Quedar colgado

Hay murciélagos en todo el mundo, excepto en la Antártida porque allí hace mucho frío. Muchas especies viven en lugares tropicales, como África Occidental. Otras viven en zonas más frescas, como América del Norte. ¡Hasta puede haber murciélagos en tu patio o en el ático!

*A algunos murciélagos, como el discóforo de pecho blanco, les gusta descansar envueltos en hojas tiernas. Lamen las ventosas que tienen en las muñecas y tobillos y se adhieren a la superficie lisa de la hoja.*

*Cuando el sol se pone, millones de murciélagos de cola suelta mexicanos salen a toda prisa de una cueva para comenzar su recorrido nocturno en busca de alimento.*

# Un lugar seguro para descansar

El lugar en que los murciélagos duermen o descansan se llama percha. Para descansar, los murciélagos buscan lugares donde puedan estar protegidos de los depredadores y del mal tiempo. Algunos prefieren lugares frescos y oscuros. Otros prefieren descansar en lugares cálidos y soleados. Descansar colgados cabeza abajo les permite salir volando rápidamente. Para hacerlo, simplemente sueltan la percha y se van aleteando.

*(derecha) Algunos megamurciélagos, como el zorro volador de Lyle, descansan en grandes grupos en **lugares de campeo**. A diferencia de la mayoría de los lugares de descanso, los lugares de campeo están a la vista. Estos murciélagos siempre están atentos a los depredadores.*

*Las **grietas** o huecos en rocas, madera o plantas son lugares de descanso perfectos para los murciélagos. Se meten en pequeñas aberturas donde están a salvo de los depredadores.*

# Hábitos de descanso

Los murciélagos tienen diferentes hábitos de descanso. Pueden volver al mismo lugar todas las noches o buscar lugares nuevos. Algunos descansan solos. Otros, como una hembra con su cría, descansan en pareja. A veces, muchos descansan juntos en grandes cuevas. Un grupo grande de murciélagos se llama **colonia**. Los murciélagos vampiro pertenecen a una misma colonia toda su vida.

## ¡Buenas noches!

Algunos murciélagos viven en regiones del mundo que tienen inviernos largos y fríos. Durante los meses fríos del invierno, hay menos plantas e insectos para comer. Muchos murciélagos **hibernan** o duermen todo el invierno. Para hibernar, algunos buscan lugares de descanso frescos y secos, como edificios. Otros eligen guaridas subterráneas, donde el aire es cálido y húmedo. Algunos hibernan solos, mientras que otros se agrupan para conservar el calor.

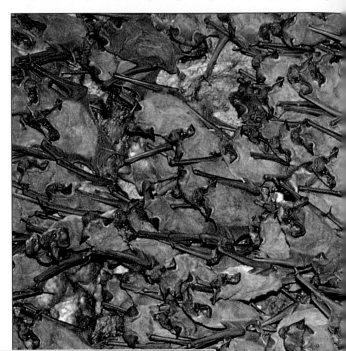

*(recuadro) Muchos murciélagos descansan en lugares húmedos mientras hibernan. El agua se acumula en gotitas sobre el pelo de este murciélago marrón.*

*(derecha) Estos zorros voladores del amanecer se agrupan en el cielo raso de una cueva en Indonesia.*

# Alimentos

Los murciélagos necesitan comer para obtener **energía**. La energía es la fuerza física que se usa para hacer cosas. Para volar, los murciélagos necesitan mucha energía, por lo cual deben comer mucho para reponer toda la energía que usan. Algunos pueden comer hasta 150 insectos en veinte minutos. Cuando tienen el estómago lleno de comida, les cuesta trabajo volar grandes distancias. Los murciélagos deben digerir la comida rápidamente, por lo general en 20 minutos.

La mayoría de los murciélagos comen insectos, como mariposas nocturnas, mosquitos y escarabajos. Algunos se alimentan principalmente de pescado. Estos murciélagos tienen grandes patas traseras, con garras largas y afiladas que usan para atrapar a los peces. Después de atraparlos, vuelan hasta su lugar de descanso para comer.

## Frugívoros

Muchos megamurciélagos comen frutas blandas y maduras como mangos, bananas e higos. Trituran la fruta con los dientes y la frotan contra los surcos del paladar para exprimir la pulpa y el jugo. Escupen las semillas y las fibras duras o las eliminan como desechos.

*A algunos murciélagos les encanta el sabor del néctar.*
*Vuelan de flor en flor como si fueran abejas y usan la*
*larga lengua para beber el néctar del interior de las flores.*

# Murciélagos vampiro

Los murciélagos vampiro son los únicos que beben sangre. Se alimentan de mamíferos grandes o animales domésticos como las vacas y los cerdos. Aterrizan en el suelo cerca de la **presa** y caminan a su alrededor buscando lugares donde la sangre esté cerca de la superficie de la piel. Con sus filosos dientes hacen pequeñas heridas en la piel de los animales. Cuando sale sangre de esas heridas, los murciélagos la beben a lengüetazos.

*(página anterior) Las patas traseras de los murciélagos vampiro son más fuertes que las de la mayoría de los murciélagos. Caminan, corren y saltan alrededor de la presa antes de hundir los comillos en la carne del animal.*

*(abajo) Es más difícil encontrar sangre que insectos o frutas, por lo tanto, los murciélagos vampiro comparten la comida con sus compañeros.*

# Las crías

(arriba) Algunos murciélagos transportan a sus crías en el cuerpo hasta que éstas aprenden a volar. Las hembras tienen dos pezones falsos. Para sostenerse de la madre, las crías se agarran de los pezones falsos con los dientes. También usan los pulgares y las patas traseras para sostenerse.

Los murciélagos muy jóvenes o recién nacidos se llaman **crías**. La mayoría de las hembras tienen sólo una o dos crías a la vez porque no podrían volar si tuvieran que llevar más. Dan a luz sólo cuando hace calor y hay una buena cantidad de alimento. Los murciélagos que viven en zonas tropicales donde hay alimento todo el año pueden tener cría en cualquier estación. Los que viven en lugares con inviernos fríos tienen cría en primavera.

## Dar a luz

La mayoría de las hembras dan a luz colgando cabeza abajo, pero algunas se dan vuelta y se cuelgan de los pulgares. La madre atrapa a la cría recién nacida en la piel que tiene entre las patas traseras. Después de nacer, la cría comienza a **mamar**, es decir, a beber leche de las **mamas** o pezones verdaderos. La cría se alimenta de la leche de la madre hasta que tiene edad suficiente para buscar su propio alimento.

## Colonias de cría

Las hembras que están esperando cría suelen descansar juntas en grupos llamados **colonias de cría**. Algunas de estas colonias tienen apenas diez hembras y otras están formadas por cientos de miles de hembras con sus crías. Los murciélagos forman colonias de cría en lugares cálidos, como dentro de cuevas o en el techo de graneros.

Las madres dejan a los pequeños en la colonia de cría mientras van a buscar alimento. Las crías se aferran a las perchas mientras las madres no están. En las colonias grandes de cría, los pequeños se amontonan para protegerse y conservar el calor. A veces juegan hasta la hora de comer. Cada madre y su cría hacen un ruido especial que les sirve para encontrarse cuando la hembra regresa.

# Crecimiento

La mayoría de las crías nacen sin pelo y con los ojos cerrados, Al comienzo están indefensas. Las madres las cuidan. Las crías tienen boca grande, y sus patas tienen casi el mismo tamaño que las de los adultos. Necesitan tener boca grande y patas fuertes para colgarse de su madre mientras vuela. No obstante, las alas son pequeñas. Al crecer, las alas les crecen y las crías aprenden a volar.

## Aprender a volar

La mayoría de las crías de murciélago aprenden a volar a las pocas semanas de nacer. Los murciélagos marrones pequeños suelen volar a los dieciocho días de vida. Algunos, como los vampiros comunes, pueden demorarse hasta diez semanas en estar listos para volar. Las hembras suelen llevar a las crías en sus primeros vuelos, pero pronto éstas aprenden a volar solas. Cuando pueden volar, pueden comenzar a buscar su propio alimento.

*Bajo el ojo vigilante de la madre, esta cría de zorro volador de Gambia estira las alas y aprende a volar.*

# Los murciélagos en la naturaleza

¿Sabías que los murciélagos ayudan a que crezcan árboles frutales y flores nuevas? Cuando beben el néctar de las flores, el **polen** se les pega al pelo. El polen es el polvillo que se encuentra en el centro de las flores. Cuando los murciélagos se posan en otras flores, dejan caer un poco de polen. El transporte de polen de una flor a otra se llama **polinización**. La mayoría de las plantas no se pueden reproducir sin la polinización.

## Llevar semillas

Los murciélagos que comen frutas también ayudan a que crezcan nuevas plantas al depositar semillas junto con el excremento. Después de comer, los murciélagos vuelan hasta su lugar de descanso. Por el camino digieren la comida y eliminan semillas con los desechos. Estas semillas caen en el suelo y dan lugar a nuevas plantas, flores y árboles.

*Después de que este murciélago haya bebido el néctar de la flor, polinizará otra flor con el polen que se le ha pegado en la cara.*

## Control de plagas

Los murciélagos desempeñan un papel importante en la naturaleza. Comen muchos tipos de insectos. Algunos comen hasta 2,000 insectos en una sola noche. Eliminan muchas plagas que arruinan las cosechas.

## Pérdida de hogares

Al igual que todos los seres vivos, los murciélagos necesitan alimento y refugio para sobrevivir. Cuando los seres humanos cortan los árboles o perturban las cuevas, muchos murciélagos se quedan sin hogar. Si se perturba a los murciélagos mientras están hibernando y éstos se ven obligados a irse volando de su lugar de descanso, pueden quedarse sin energía y morir.

## Enemigos naturales

Las serpientes, los halcones, las mangostas y las comadrejas comen murciélagos. Las aves de presa y los murciélagos grandes atrapan a otros murciélagos durante el vuelo. Algunos depredadores cazan donde los murciélagos descansan en colonias. Cuando muchos murciélagos salen volando de su lugar de descanso al mismo tiempo, los depredadores pueden atrapar rápidamente a varios murciélagos de la bandada.

*La mangosta espera fuera de una cueva y ataca cuando los murciélagos salen al anochecer.*

# Aprende más

Los murciélagos son animales sorprendentes. Hay mucho por aprender sobre ellos. Por ejemplo, ¿sabías que cerca de una cuarta parte de los mamíferos del mundo son murciélagos? ¿Sabías que el murciélago de nariz de cerdo de Kitti es el murciélago más pequeño del mundo y que pesa menos que una moneda de un centavo? Ve a la biblioteca y busca libros, videos y revistas sobre murciélagos. Comparte lo que aprendiste con tus amigos y familiares para que más personas sepan sobre estos animales increíbles.

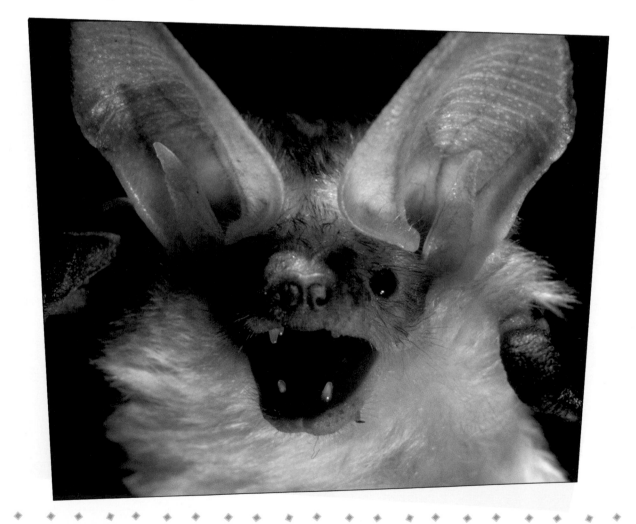

# Glosario

**Nota:** Es posible que las palabras en negrita que aparecen en el texto no figuren en el glosario.

**colonia** Grupo grande de murciélagos que descansan juntos para conservar el calor, protegerse o reproducirse

**colonia de cría** Grupo grande de murciélagos hembra que están esperando cría o amamantando

**de sangre caliente** Expresión que describe a un animal cuya temperatura corporal permanece igual sin importar cuál sea la temperatura del medio ambiente

**especie** Grupo de seres vivos muy parecidos cuyas crías pueden reproducirse

**ecolocación** Capacidad de un animal para localizar objetos de su entorno emitiendo y recibiendo sonidos

**evolucionar** Cambiar o desarrollarse lentamente con el tiempo

**hábitat** Lugar natural en donde vive una planta o animal

**hibernar** Dormir durante los meses del invierno

**hoja nasal** Pliegue de piel de la nariz de un murciélago que se usa para emitir pulsos

**impulso** Fuerza necesaria para moverse hacia delante en el aire durante el vuelo

**lugares de campeo** Lugares en los que grandes grupos de megamurciélagos descansan juntos al aire libre, por ejemplo, en árboles

**megamurciélagos** Murciélagos grandes

**membrana alar** Delgada capa de tejido o piel que forma el ala del murciélago

**micromurciélagos** Murciélagos pequeños

**migrar** Viajar de un lugar a otro cuando cambian las estaciones

**nocturno** Palabra que describe a un animal que está activo de noche

**percha** Árbol, cueva o edificio en el que un murciélago descansa

**polinización** Acción de transportar polen de una flor a otra

**presa** Animal al que otros animales cazan y comen

**pulsos** Sonidos que los murciélagos producen para la ecolocación

**sustentación** Fuerza necesaria para que un objeto se eleve en el aire durante el vuelo

**trago** Pliegue pequeño de piel de la oreja de un murciélago que se puede usar para la ecolocación

# Índice

alas 4, 6, 8, 9, 14, 15, 27
alimento 8, 9, 10, 12, 13, 14, 20-21, 24, 25, 27, 29
boca 10, 11, 27
colonias 18, 25, 29
colonias de cría 25
crías 4, 18, 24-25, 27
cuerpo 4, 5, 8-9, 20, 28, 32
cuevas 11, 16, 18, 25, 29
depredadores 12, 14, 17, 29
descanso 12, 14, 16, 17, 18-19, 20, 23, 25, 28, 29
dientes 8, 11, 20, 23, 24
ecolocación 10-11, 12

enemigos 5, 29
energía 20, 29
flores 13, 21, 28
garras 8, 11, 20
hábitat 8
hibernación 18, 29
hogares 16-17, 29
lengua 8, 11, 20, 23, 24
mamíferos 4, 6, 23
megamurciélagos 6, 10, 11, 12, 17,20
micromurciélagos 14
migración 14
murciélago vampiro 7, 12, 18, 22-23, 27
murciélagos pescadores 20

musaraña 6
nacimiento 4, 24, 25, 27
nariz 12
oído 9, 12
ojos 9, 12, 27
olfato 12-13
orejas 9, 10
patas 8, 11, 20, 24, 27
patas traseras 23
polinización 28
presa 23
sangre 5, 23
tipos de murciélagos 6-7
vista 12-13
volar 4, 5, 8, 9, 10, 14-15, 17, 20, 21, 24, 27, 29

1 2 3 4 5 6 7 8 9 0 Impreso en Canadá 4 3 2 1 0 9 8 7 6 5